EXTRAIT DU MONITEUR UNIVERSEL
du 8 décembre 1850.

# ÉLOGE

DE

# M. LE BARON TUPINIER

ANCIEN MINISTRE ET PAIR DE FRANCE

PAR

## M. CHARLES DUPIN,

INSPECTEUR GÉNÉRAL DU GÉNIE MARITIME,

Prononcé le 3 décembre 1850,
LORS DE LA CÉRÉMONIE DES OBSÈQUES.



MESSIEURS,

Ce n'est pas seulement au nom de tous les corps de la marine militaire, et comme ancien membre du conseil d'amirauté, c'est pour obéir au vœu d'une famille dans les larmes que je viens rendre le dernier hommage aux restes mortels de M. le baron Tupinier, ancien ministre, ancien inspecteur général du génie maritime, et, pendant cinquante-six ans, l'une des gloires de notre puissance navale.

Lorsque des hommes de génie, dont l'œuvre aujourd'hui semble si méconnue, lorsque ces hommes voulurent régénérer à la fois toutes les carrières des travaux publics, les Monge, les Carnot et les Prony, les Lagrange, les Berthollet et les Laplace organisèrent de concert la grande école polytechnique, l'un des monuments immortels de la première révolution.

Un concours général appela les sujets les plus instruits que pût alors présenter la France, pour leur offrir des leçons

1850

où tout était création et perfectionnements. Parmi cette nombreuse élite, un adolescent, qui n'avait pas quinze ans accomplis, fut admis par dispense d'âge, afin de récompenser les dispositions et le savoir dont il donnait déjà la preuve : c'était M. Tupinier.

A dix-sept ans, il entrait à l'école d'application des ingénieurs constructeurs ; à dix-neuf, il prenait rang, à Brest, parmi les officiers du génie maritime.

Trois ans plus tard, il s'embarquait sur le vaisseau l'*Inflexible*, comme ingénieur de l'escadre qui portait à Saint-Domingue l'armée du général Leclerc. Il put alors ajouter un complément indispensable aux connaissances que doit posséder tout officier éminent d'un corps où l'on n'atteint en effet la perfection qu'à deux conditions, lorsqu'il s'agit des qualités à donner aux vaisseaux ; aux notions approfondies d'une théorie transcendante, il faut allier, par l'observation personnelle, la connaissance pratique de tous les effets de la mer sur les mouvements, sur la puissance et sur la résistance des navires, de ces vastes corps flottants, agités, attaqués tour à tour et souvent à la fois par les forces de l'homme et par celles de la nature.

La campagne terminée, lorsque M. Tupinier reprit son service à terre, il changea de département, et vint à Toulon, dans un port auquel il devait, trente ans plus tard, donner une grandeur inespérée.

Bientôt éclata la guerre implacable de l'Angleterre contre le consulat et l'empire.

M. Tupinier était à la tête des jeunes ingénieurs pleins d'ardeur et de talent qui sortaient les premiers des premières promotions de l'école polytechnique. Le génie du consul organisateur pouvait commander à de tels hommes d'accomplir, avec une rapidité voisine de l'impossible, des travaux dont la grandeur devait sembler chimérique avant qu'ils fussent achevés.

Telle fut la construction de cette flottille à jamais célèbre, commencée, achevée dans un an ; cette flottille, qui pouvait porter plus de cent mille hommes, avec quinze mille chevaux et l'artillerie correspondante; cette flottille qui, pour coup d'essai, battit une escadre anglaise sous les yeux de l'armée de terre, spectatrice héroïque d'une lutte de héros.

Austerlitz fit prendre un autre cours à la fortune, à la gloire de la France. Trafalgar avait rendu Boulogne impossible. Il fallait recommencer la création d'une marine de haut bord : tel fut l'ordre de Napoléon vainqueur de l'Autriche et de la Russie, à l'instant où Napoléon n'avait plus à compter qu'avec l'Angleterre.

Sans se borner aux ports de France, il voulut que toutes les grandes positions maritimes de Belgique, de Hollande et d'Italie devinssent des centres de constructions navales. Du côté du nord, Anvers sortit de cette pensée, et vingt vaisseaux s'élevèrent comme par magie, sur vingt calles improvisées : le tout construit par des ouvriers militaires qu'initiait aux arts de la marine un essaim d'ingénieurs dont le plus ancien n'avait pas sept ans de service.

Du côté du midi, Gênes d'abord, et puis Naples, et puis Venise, ces arsenaux si célèbres du moyen âge, furent confiés au génie des constructeurs français.

A Gênes je retrouvai mon ami M. Tupinier que j'avais quitté dès Boulogne, pour concourir aux travaux d'Anvers. Les vaisseaux français s'élevaient comme par enchantement sur les chantiers de Gênes, dans un port où déjà de jeunes marins pleins d'ardeur et d'audace, les Mackau, les Baudin, simples aspirants de marine, capturaient des bricks anglais, et rappelaient à la victoire qu'elle aussi ne pouvait pas nous oublier sur la mer. Ces aspirants sous l'empire, je les revois aujourd'hui chargés d'honneurs et ramenés par une vieille amitié qu'ont resserrée cinquante années d'orage et de révolutions; ils viennent avec moi sur le bord d'une tombe pleurer un ami qui fut digne de préparer les instruments de leur gloire.

Bientôt Napoléon constitua ce royaume d'Italie qui pouvait, qui devait régénérer l'Italie, si la Providence eût permis cette grande mission civilisatrice. Afin d'atteindre un tel but, Napoléon fit choix des hommes à la fois les plus éclairés, les plus sages et les plus bienveillants. Il fit choix d'Eugène, son fils adoptif, pour représenter sa royauté même. Pour diriger le département de la guerre, il envoya Caffarelli, le digne frère du héros qui périt en Egypte, l'émule en modération, en capacité, en vaillance, de leur compagnon d'armes, Desaix, le Sultan Juste des peuples administrés par la France. La marine ne reçut pas un moindre présent par le choix qui fut fait de M. Tupinier pour diriger les grands travaux de l'arsenal de Venise.

Si l'on veut juger ce que valent et ce que peuvent les officiers de notre génie maritime, ce n'est pas dans nos anciens ports où leur génie est arrêté par des rivalités collatérales, ce n'est pas là qu'il faut les voir à l'épreuve; c'est au dehors, dans ces situations où tout est à créer d'ensemble. Tel on vit, il y a peu d'années, M. de Serizy créer comme par magie le matériel admirable de la marine égyptienne; tel on avait vu, vingt années plus tôt, M. Tupinier régénérer la marine vénitienne.

Dès la campagne de 1796, le vainqueur de Rivoli, d'Arcole et de Lodi avait pénétré les mystères de cet arsenal si fameux, inaccessible jusqu'alors aux regards de l'étranger; cet arsenal où la flotte de haut bord était rangée à terre, sous des abris qui la cachaient à tous les yeux, et la préservaient des injures de l'atmosphère.

Ces vaisseaux, petits et de formes antiques, détruits à la paix de Campo-Formio, furent bientôt remplacés par d'autres plus grands et plus parfaits; mais une difficulté semblait insurmontable. Les vaisseaux mis à flot trouvaient entre eux et la haute mer un barrage naturel, amoncelé doublement par les eaux descendues des Alpes, toutes chargées d'alluvions, et par les répulsions de la mer et des vents au fond du golfe Adriatique. Cette difficulté fut vaincue au moyen de supports flottants qu'on appelle chameaux, calculés avec précision et construits par M. Tupinier.

ait la neuvième année de l'empire, à l'épo- projets de Napoléon sur la marine atteignaient leur premier terme, où soixante-treize vaisseaux de haut bord, tous modernes, tous neufs, armés, équipés ou près de l'être, allaient permettre de recommencer la lutte ajournée depuis Boulogne, une volonté qui se joue des plus grands génies livrait aux destructions d'un climat irrésistible, la grande armée qui ne trouvait plus rien à vaincre du côté des hommes. Dans cette immense retraite de toutes les forces françaises, l'Allemagne abandonnée, l'Italie ne pouvait pas être conservée. La péninsule, ingrate et punie, apprit sous un joug sans compensation, et sans avenir, si les Français méritaient mieux que des regrets vains et tardifs.

Bientôt va commencer pour M. Tupinier une carrière nouvelle. Appelé dans Paris pour le service forestier, sous les ordres d'un chef qui l'avait aimé dès Venise (1), il fut dignement apprécié par un autre administrateur non moins estimé pour ses vertus et la rigidité de ses mœurs, que pour sa bienveillance et la douceur de son caractère. C'est par ce côté qu'il ressemblait à M. Tupinier; c'est par ce côté qu'ils s'aimèrent. M. le vicomte Jurien, directeur des ports et arsenaux de France, choisit M. Tupinier pour lui servir de sous-directeur, et l'initia lui-même aux connaissances administratives. Il le demanda pour successeur lorsque le besoin de repos lui fit solliciter une retraite gagnée par trente ans de services aussi purs qu'intelligents, à travers des temps de révolutions où la vertu reste si rarement incorruptible.

M. Tupinier est à peine introduit dans les bureaux du ministère, la révolution des cent jours éclate; et ces jours sont à peine évanouis que la réaction commence. On cherche dans les différents corps les sujets qu'on veut expulser. On appelle épuration ce choix où la passion, hélas! sert trop souvent de guide à ce que la langue des bouleversements est convenue d'appeler les nécessités politiques.

(1) M. Maillot.

Trois ingénieurs dans la force de l'âge étaient la part du sacrifice qu'on allait demander au génie maritime; deux en étaient l'ornement, et le troisième c'était moi. M. Tupinier apprend la mesure fatale : sans rien dire aux intéressés, il réclame avec énergie en faveur des trois officiers, qu'il veut bien ne pas séparer dans ses éloges. Il les fait réintégrer dans leur arme avant que l'ordonnance de proscription, déjà signée, ait vu le jour.

Hélas! je reste seul, aujourd'hui, pour exprimer une reconnaissance dont le prix doit être senti surtout lorsqu'on est à peine tombé sur ses pieds de l'autre côté de l'abîme d'une dernière révolution, d'une révolution qui devait à son tour frapper le généreux ennemi de toute réaction.

S'il est une douleur amère que j'aie ressentie en 1848, c'est de n'avoir pas pu rendre à mon ami bienfait pour bienfait et justice pour justice. Il n'était pas en ma puissance d'obtenir que l'on conservât au conseil d'Etat, l'un de ses membres les plus éminents et les plus illustres; et mon suffrage motivé, un an plus tard, devait encore être impuissant pour que trente représentants admissent au rang de leurs candidats deux hommes (1), y compris M. Tupinier, qui furent l'honneur de ce conseil, dans la section de la marine et de la guerre.

Revenons aux services rendus à la France, qui feront comprendre au pays cette façon de concevoir et de rendre la justice distributive.

Pendant les vingt ans que M. Tupinier exerça la direction des ports et des arsenaux de la France, il eut dans son département tous les travaux des constructions hydrauliques et navales, les constructions de l'artillerie, l'approvisionnement complet du matériel, les hôpitaux et les chiourmes à terre, les opérations navales et les expéditions scientifiques. Son esprit vaste embrassa, dirigea cet ensemble, sans être accablé sous le poids d'un travail immense. Il eut l'incom-

(1) L'autre était M. de Préval, le savant rédacteur des meilleures ordonnances de la guerre pendant trente années.

parable avantage de pouvoir mettre en harmonie les parties les plus compliquées de tant de services corrélatifs, parce que toutes dépendirent de sa seule impulsion.

Au milieu de cette puissance, telles étaient la modération, la sagesse et la modestie de M. Tupinier, qu'il a pu conduire, en réalité, les affaires de la marine sous quatorze titulaires, sans offusquer, sans offenser un seul d'entre eux, et les conserver pour amis à leur sortie du pouvoir. Les ministres éminents étaient ravis de trouver un esprit qui s'élevait sans effort à leur hauteur, et qui mettait une expérience incomparable au service de leur noviciat même. Les ministres médiocres étaient plus heureux encore. Le département de la marine, grâce à M. Tupinier, comme un excellent vaisseau, gouvernait bien sous leurs ordres, sans leur laisser d'autre peine que d'admirer le gouvernail; quand ils arrivaient au terme d'une administration que l'éminent directeur leur facilitait de la sorte, ils se retiraient aussi charmés d'eux que de lui.

Voici maintenant les travaux de longue haleine accomplis et les grands résultats obtenus par une action constante, à travers cette phantasmagorie de quatorze ministères successifs, de quelques ans, de quelques mois, de quelques jours, suivant les sourires ou les dédains de la fortune.

Il a secondé M. Portal pour obtenir enfin, des chambres, sous la restauration, qu'on ne laissât pas s'achever l'anéantissement d'une force navale plus d'à moitié sacrifiée par les traités de 1815. C'est à lui qu'on doit les plans des travaux successifs proposés pour la conservation du matériel à la mer et pour le développement graduel des constructions à terre. C'est lui qui fit adopter qu'à l'exemple de Venise, la prévoyante et l'économe, on achèverait presque en entier les vaisseaux, qui seraient laissés à terre, abrités sous des toits conservateurs. C'est lui qui fit entreprendre, pour suppléer à l'exiguïté de l'arsenal de Toulon, *inagrandi* depuis Vauban, le magnifique arsenal supplémentaire oriental (1), où l'on

(1) L'établissement du Mourillon.

peut construire et conserver à la fois dix vaisseaux et plusieurs frégates.

Une autre pensée devait plus tard compléter cette conception première, afin que Toulon fût en harmonie avec les grandeurs croissantes de nos intérêts maritimes dans la Méditerranée : c'était l'annexe occidentale (1) où la marine à vapeur devra trouver tous les établissements nécessaires à son service.

Dans les ports de l'Océan, de grands travaux hydrauliques furent exécutés aussi suivant la pensée de M. Tupinier. A Lorient, des ateliers s'élevèrent où, pour la première fois, on introduisit les perfectionnements mécaniques imaginés en Angleterre. Pour opérer ce travail, c'est lui qui discerna le jeune et brillant ingénieur M. Fauveau, qui devait plus tard se surpasser lui-même dans la création des ateliers plus grands et plus remarquables encore qu'il a construits au port de Brest, sur le sommet d'un rocher escarpé : de là, les mécanismes des navires à vapeur descendront tout faits, comme du sommet d'une machine à mâter, pour se placer dans les navires à flot.

Nos ports n'avaient qu'en nombre très-insuffisant ces formes de construction qui servent également pour la contruction et le radoub des vaisseaux : le directeur des ports a fait construire avec un succès complet la belle forme de Toulon, latéralement à celle qui fit la gloire de Groignard. Il a fait sauter en partie le rocher qui resserre le port de Brest, pour l'enrichir aussi de bassins du premier ordre et d'ateliers importants.

Je ne veux pas, je ne puis pas énumérer tous les travaux hydrauliques dont M. Tupinier a fait adopter la construction à Brest, à Rochefort, à Lorient. Cherbourg offrait un plus grand effort à tenter et des difficultés plus effrayantes à vaincre. Dans une tempête extraordinaire, la mer avait emporté les casernes, les batteries et les défenses établies sur

(1) L'établissement de Castigneau.

la célèbre jetée qui couvre ce port ; il s'agissait de savoir si l'on se tiendrait pour battu, et si l'on céderait à la mer.

M. Tupinier fut d'avis qu'on résistât. On fit une seconde entreprise non moins grande que la première : on ne regarda plus la digue primitive que comme un sol préparatoire sur lequel on allait, non plus entasser à pierres perdues une digue supérieure, mais bâtir en pierres de taille, en granit, par masses monumentales et dans une lieue de longueur, un rempart plus fort que la mer. Cette construction, la plus grande dans son genre qu'on ait jamais entreprise, poursuivie avec constance, est maintenant accomplie ; le génie militaire n'a plus qu'à superposer ses travaux à ceux de la marine pour rendre imprenable notre chaussée des Géants.

Les travaux poursuivis pour créer l'arsenal de Cherbourg ne sont pas moins grandioses ; les seules difficultés d'excavation de l'arrière - bassin, à des profondeurs suffisantes pour des vaisseaux de premier rang, en pénétrant, non pas des sables ni des terres, mais des schistes, rendent ce travail un des plus hardis dont on ait pu réaliser l'exécution.

Les innombrables et grandes créations par lesquelles on a changé la face de tous nos ports militaires ont fait éprouver au directeur des ports et des arsenaux une foule de critiques plus ou moins dictées par l'envie, et quelquefois motivées ; ces critiques mêmes consacrent le droit de l'éminent directeur à l'éloge que méritent, en revanche, les travaux utiles, indispensables qui forment un si bel ensemble dans tous nos ports militaires.

On a fait le grand reproche à ces œuvres monumentales d'être exécutées avec un luxe trop dispendieux. Conduit par une commission législative dont la mission ne pouvait pas, ne devait pas être celle de la complaisance, j'ai visité tous ces travaux, cette année même ; j'ai cherché sévèrement le luxe tant reproché ; j'ai tâché d'apprécier l'économie qu'on eût faite en épargnant quelques moulures à quelques corniches, et je n'ai pu trouver une économie praticable qui méritât d'être prise en considération.

La beauté, la richesse et l'élégance des travaux de la marine, c'est la grandeur qui s'allie avec la simplicité; c'est l'immuable solidité qui s'identifie par la durée, avec la grandeur du temps, avec la vie des nations; c'est la régularité calculée des proportions entre les parties d'un vaste ensemble : eh bien, ces lois, moins du goût que de la raison, ces lois sont satisfaites, je ne crains pas de l'affirmer, dans l'ensemble des grands travaux dont je viens d'offrir une faible idée.

En même temps que M. Tupinier poursuivait le développement des ouvrages hydrauliques et la création d'autres ateliers pour les constructions navales, il s'occupait aussi des innovations, des perfectionnements que réclamait l'armée navale elle-même.

Nos vaisseaux de guerre, si savants, si parfaits, par les formes de leurs carènes, surchargés de plus en plus par les augmentations de bouches à feu, de munitions et d'installations nouvelles, étaient, à la lettre, immergés au delà de toute borne raisonnable.

Ce fut en respectant les formes mêmes et les proportions des vaisseaux de M. Sané, que M. Tupinier fit adopter l'agrandissement calculé de leurs dimensions principales. C'était le moyen de leur restituer une hauteur de batterie suffisante pour assurer le service des batteries basses, avec une mer encore assez agitée.

En même temps il fit adopter, pour l'artillerie des vaisseaux et des frégates, l'idée d'un calibre unique, avec des proportions dans les longueurs des bouches à feu raccourcies suivant la hauteur progressive des batteries : c'est la pensée qu'on respecte aujourd'hui si peu, et si peu sagement.

La marine à voiles n'a pas été seulement perfectionnée d'après ces bases principales. Je puis porter témoignage du zèle si bienveillant avec lequel M. Tupinier accueillait et faisait mettre en pratique toutes les innovations essentielles; c'est lui qui m'a facilité les moyens d'introduire dans la marine la substitution des câbles de fer aux câbles de chanvre, et la substitution des caisses en fer aux tonneaux en bois, où se détérioraient l'eau et le vin destinés aux équipages. Un tel changement a suffi pour faire disparaître le scorbut sur nos bâtiments de guerre, même dans les navigations les plus lointaines et sous les climats les plus pernicieux. C'est aussi M. Tupinier qui fit consacrer le magnifique établissement de Guérigny, dans la Nièvre, à la fabrication perfectionnée des câbles en fer, dès qu'ils furent adoptés : fabrication pour laquelle le commerce n'offrait jamais assez de garantie.

A l'égard de la marine à vapeur, il ne s'agissait pas seulement de perfectionner, il fallait créer à la fois les navires et les machines, et les moyens de construction.

Il a commencé par faire étudier la marine à vapeur dans son berceau même, aux Etats-Unis d'Amérique. De là sont résultées les savantes recherches et les habiles calculs que l'on doit à M. Marestier.

Au sujet des constructions de la marine à vapeur, beaucoup de personnes, et surtout de personnes intéressées, auraient voulu tout confier à l'industrie particulière. Mais l'Etat ne pouvait pas s'abandonner sans réserve aux caprices, aux exigences, aux retards d'entrepreneurs sur lesquels il fût demeuré sans puissance.

M. Tupinier fit triompher le système d'une portion notable des constructions à vapeur exécutée par la marine militaire.

Dans l'île d'Indret, aux lieux mêmes où l'habile Wilkinson avait établi ses fonderies après la guerre d'Amérique, M. Tupinier plaça des ateliers de constructions à vapeur.

Ces travaux ont coûté des sommes proportionnées à la grandeur des résultats auxquels on voulait parvenir.

Sans discuter ici sur l'économie ni sur l'emplacement, disons seulement que le but essentiel d'une telle entreprise est atteint. Aujourd'hui, des mécanismes de 400, de 500, de 600 chevaux sont exécutés dans le port d'Indret avec une perfection qu'on a reconnue égale à celle des meilleurs ateliers d'Amérique et d'Angleterre. Ce ne sont plus des ouvriers anglais dont on se sert pour atteindre un tel résultat, mais des ouvriers et des maîtres français.

Enfin le même résultat est atteint dans les ateliers que possèdent aujourd'hui nos principaux ports militaires pour l'entretien, et lorsqu'il en est besoin, pour la construction neuve des navires à vapeur et de tous leurs mécanismes.

En même temps qu'il assurait à l'Etat les moyens de pourvoir à des besoins essentiels, l'éminent directeur des ports ne négligeait pas le concours de l'industrie particulière; il assurait à cette industrie une juste part dans la confection des mécanismes à vapeur.

C'est ce qu'il a fait surtout lorsqu'il a dirigé les constructions commandées pour la grande entreprise des paquebots transatlantiques; moyen détourné de donner à la marine militaire une escadre à vapeur qui pût porter à la fois quinze mille hommes de débarquement avec leur artillerie.

Si nos plus célèbres constructeurs de Paris, du Creuzot, du Havre, sont munis aujourd'hui du grand et parfait outillage nécessaire à des travaux de ce genre, ils le doivent aux travaux répartis entre eux pour exécuter une juste part des travaux de cet ordre que la marine militaire leur attribuait avec intelligence et bienveillance.

Telle est l'esquisse hâtive, incomplète, imparfaite, des travaux entrepris dans un quart de siècle. Le nom de M. Tupinier vivra dans la marine française, autant que ces grandes créations qui font honneur à deux rois, à Charles X et surtout à Louis-Philippe.

Permettez-moi de passer avec rapidité sur d'autres services importants rendus à l'administration proprement dite, en introduisant la comptabilité des ateliers dans les ateliers, en cherchant la réalité des contrôles autre part que dans le nom du contrôle, et la simplicité des formes au lieu de leur labyrinthe.

Des ambitions malheureuses, des rivalités de corps, au-dessus desquels s'élèvent les hommes supérieurs, et qui passionnent petitement les hommes inférieurs, ces tristes éléments de discorde et d'anarchie ont désolé pendant quinze ans la marine militaire, sans profiter à leurs auteurs.

La sagesse, ici comme partout, est entre les deux extrêmes : elle veut la réalité, la vérité des comptes, encore plus que la multiplicité, l'*innombrabilité* des comptables ; elle aime avant tout la simplicité, la facilité des formes et l'économie des formalités ; économie si nécessaire pour les opérations rapides d'une marine militaire, surtout quand arrivent la guerre et ses grandes expéditions.

Les occasions essentielles qui font juger tout un système avaient frappé M. Tupinier, lorsqu'il dut préparer les expéditions, en 1823, de l'Espagne; en 1826 et 1827, du Levant et de Navarin ; en 1829 et 1830, de la Morée et d'Alger ; cette dernière surtout, conduite avec un admirable ensemble, fournit en peu de mois, à l'amiral Duperré, quatre cents bâtiments de guerre et de transport, avec des dispositions appropriées à tous les besoins d'un grand débarquement qu'on devait faire sous le feu de l'ennemi.

Je suis heureux aussi de pouvoir rappeler, avec quelle intelligence supérieure il fit les préparations de l'expédition de Saint-Jean-d'Ulloa (1), qui pouvait faire pressentir celle de Mogador et de Tanger (2).

M. Tupinier dut montrer une dernière fois tout ce que son activité savait produire d'heureux résultats, lorsqu'en 1840 l'Angleterre et la France rivalisaient d'efforts et d'activité pour armer et pour envoyer des vaisseaux dont chacun pouvait procurer ou changer l'égalité des deux forces navales dans les mers d'Egypte et de Turquie.

Dans cette lutte d'apprêts, malgré ses immenses moyens, l'Angleterre n'a pas pu primer la France ; ce résultat suffit à l'éloge du préparateur français.

Après cinquante années d'un travail toujours croissant et qui finit par devenir supérieur à la facilité la plus merveil-

(1) Commandée par l'amiral Baudin.
(2) Commandée par l'amiral de Joinville.

leuse, au courage le plus opiniâtre, la nature, vaincue par les ans, triompha de la volonté de l'homme. M. Tupinier fut atteint d'un étonnement de tête qui l'obligea soudainement au repos, c'est-à-dire à travailler moins. Il resta quelque temps à ne plus s'occuper qu'autant qu'un travailleur ordinaire. Il voulut alors quitter des fonctions où son infatigabilité ne pouvait plus être la même.

Le gouvernement s'empressa d'ouvrir à cet homme éminent par le savoir et l'expérience le rang de conseiller ordinaire au conseil d'Etat où, depuis vingt ans, sa voix était écoutée autant que chérie. En même temps il continua de siéger au conseil d'amirauté dont il était, je ne crains pas de le dire, la plus précieuse lumière. C'est dans cette position qu'il rédigea les rapports les plus importants sur les travaux de la marine, préparés, accomplis sous les deux ministères de l'amiral baron de Mackau et du duc de Montebello ; ceux-ci le désignaient, eux-mêmes, comme leur rapporteur de prédilection dans le sein de 'amirauté.

J'ajouterai peu de chose aux titres de M. Tupinier, en rappelant que, dès 1824, la reconnaissance d'un département maritime, le Finistère, le choisit pour député. Quelque temps après le département de la Charente-Inférieure se procura le même honneur.

A la tribune de la chambre élective, comme commissaire du gouvernement pendant huit premières années, et comme député pendant huit autres années, M. Tupinier était attentivement ; écouté parce qu'on le trouvait toujours instructif et lumineux, parce qu'il parlait seulement des choses qu'il connaissait parfaitement.

La véhémence, la passion, le tumulte, ces éléments inséparables de toute chambre élective, ne convenaient pas à son caractère. Il fut heureux d'être appelé pour son mérite à la chambre des pairs, dont il fut un des ornements. Il y rédigea des rapports importants et développa des opinions accueillies avec un juste intérêt.

Si l'on disait maintenant à la France qu'elle eut une

chambre législative où la vie, les travaux de chacun de ses membres étaient retracés tout haut, à la tribune, quand ils finissaient de servir la patrie, c'est-à-dire quand ils finissaient de vivre, on comprendrait ce que devait être l'institution qui grandissait par la pratique de cette sévère épreuve!

Après la mort de M. Duperré, l'héroïque amiral de France, M. Tupinier fut choisi pour retracer les travaux et les combats de l'illustre pair. Personne, à la chambre, n'aurait pu remplir cette noble tâche avec une connaissance plus approfondie du mérite et des travaux de l'homme de mer qu'il avait secondé dans deux ministères et dans deux campagnes de guerre.

Il n'y a pas trois ans encore que la chambre des pairs a cessé de tenir des séances caractérisées par l'alliance de la plus haute raison, avec une admirable expérience, acquise dans toutes les grandes carrières. Cette expérience, fruit des années, des combats et des travaux infatigables, avait rendu plus périssables encore des hommes si peu ménagers de leur vie et de leur santé. Aussi, depuis la révolution de Février, plus de quarante anciens pairs de France sont descendus dans la tombe pour ne plus vivre, comme M. Tupinier, que dans le cœur de leurs amis, dans l'estime de la patrie, dans la juste reconnaissance de tous les bons citoyens.

Un dernier mot avant d'adresser notre dernier et douloureux adieu à celui qui nous fut si cher. A travers ses titres nombreux et mémorables, j'oubliais de rappeler qu'il fut ministre; ministre dans un de ces moments où les talents supérieurs qui se disputaient le pouvoir résolurent de marquer comme on marquait, au moyen âge, la suspension d'armes appelée *la trêve de Dieu.* Cela fit composer ce qu'on appelait un peu glorieusement peut-être un petit ministère, c'est-à-dire un ministère composé modestement de ministres qui ne fussent propres qu'aux affaires. Ceux-ci, pendant soixante jours, les conduisirent si bien, qu'il devint urgent d'en finir, de peur que la France y prît goût.

Ce fut ainsi que M. Tupinier, titulairement et par transition, gouverna la marine, comme il l'administrait en réalité, avant et depuis ce passage qui ne peut qu'ajouter à ses titres honorifiques, sans rien pouvoir ajouter à ses mérites.

Un dernier mot sur une vertu de l'homme éminent dont nous allons, hélas! nous séparer. Après avoir dirigé pendant cinquante ans pour près d'un milliard de travaux, lorsqu'il fut admis à la retraite, il passa très-simplement, d'un premier étage modeste, à un second plus modeste encore, mais devenu nécessaire quoiqu'il n'eût pas d'enfant à sa charge : ce fut la richesse morale et la dignité de sa retraite!

Heureux dans sa vie privée, grâce aux soins d'une compagne digne de lui, honoré, chéri pour lui-même, il s'avança vers le terme d'une carrière illustre, pure et digne de tous les respects.

Voilà comme il a répondu, par l'exemple de sa vie et de sa fortune, à ceux qui douteraient, sur la foi de la calomnie, de tout ce qu'il y a de désintéressement et de probité chevaleresque dans cette marine militaire, où, passez-moi le mot, l'honneur vrai se confond avec le point d'honneur!



EXTRAIT DU MONITEUR UNIVERSEL
du 8 décembre 1850.

Typographie PANCKOUCKE, rue des Poitevins, 8.

www.ingramcontent.com/pod-product-compliance
Lightning Source LLC
LaVergne TN
LVHW010021230826
846092LV00002B/934